ABC PLUS

PRODUTTIVITA' E PIANTA ORGANICA

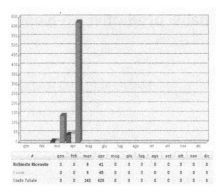

#	gen	feb	mar	apr	mag	giu	lug	ago	set	ott	nov	dic
Richieste Ricevute	0	0	8	41	0	0	0	0	0	0	0	0
Evase	0	0	8	48	0	0	0	0	0	0	0	0
Costo Totale	0	0	140	626	0	0	0	0	0	0	0	0

manuale utente

Antonio Nurra

1

ABC PLUS

Analisi produttività e pianta organica

MANUALE OPERATIVO

ISBN 978.1.291-5h27-1

Lulu Press, Inc.

3101 Hillsborough St, Raleigh, NC 27607

Prefazione

I drammatici tagli imposti dal governo sui trasferimenti agli Enti locali e la drastica riduzione delle risorse disponibili impongono la necessità di una programmazione strategica, per riprogrammare le strategie finanziarie in relazione alle priorità rilevate. Ma è evidente che il successo è condizionato dalla efficienza delle risorse e dalla loro collocazione organizzativa.

L'efficienza della struttura, la verifica dei carichi di lavoro e la definizione delle piante organiche in relazione agli effettivi bisogni, costituisce uno di punti essenziali per la riduzione dei costi della Pubblica Amministrazione e per il miglioramento dell'efficienza.

La metodologia da utilizzare in questi casi è quella dello Zero Base Budgeting, che non dà per scontato le strutture, le metodologie e i costi storici, ma che tende ad una verifica del contesto per definire concretamente i tempi e i costi delle attività svolte per una gestione più efficace.

L'analisi della produttività e il miglioramento organizzativo possono ottenersi soltanto con una corretta analisi strutturale e procedurale Questi aspetti sono spesso sottostimati o considerati con superficialità, ma nascondono sacche di inefficienza che incidono pesantemente sui risultati dell'organizzazione.

La strutturazione degli uffici, il numero di componenti necessari, non sono spesso esaminati in funzione della domanda, né degli output prodotti. così' che alcuni uffici, sottodimensionati, sono soggetti a carichi di lavoro eccessìvi che giustificherebbero l'inserimento di altre risorse, mentre altri uffici, sovradimensionati rispetto ai compiti previsti e al volume della domanda, richiederebbero drastiche riduzioni di risorse, da assegnare ad altri uffici.

La metodologia di analisi più appropriata **è l'Activity based costing** *o contabilità dei costi basati sulle attività.*

Dobbiamo costruire un sistema di monitoraggio personalizzato, in grado di fornire informazioni omogenee, evidenziando i fenomeni di rilevanza manageriale ai fini del miglioramento.

A tal fine dobbiamo individuare le attività richieste da un prodotto per ìl suo ottenimento e individuare il costo relativo alla suddetta attività. Le attività sono le operazioni di gestione.

La logica della **ABC** si fonda su semplici principi:
I prodotti richiedono lo svolgimento di particolari attività
Le attività richiedono l'impiego di risorse.
Le risorse rappresentano un costo.
I costi sono imputati a specifici prodotti.

L'analisi della produttività individuale e per ogni singolo ufficio non può prescindere da un sistema di reporting adeguato, in grado di di fornire al Manager la capacità di cogliere senza sforzo ii carichi di lavoro,i tempi e dei costi dei prodotti e di avviare le necessarie aree di miglioramento.

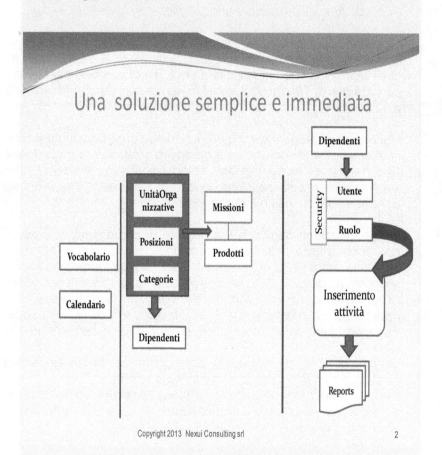

4

PERCHE' ABC PLUS E' NECESSARIO?

Diverse leggi e decreti impongono l'ottimizzazione dei tempi dei processi amministrativi e il monitoraggio del loro andamento nel tempo e stabiliscono sanzioni nel caso di non osservanza.

D.Lgs 27 Ottobre 2009,n. 15

1. Art. 8 Il sistema di misurazione della performance organizzativa concerne:
f) l'efficienza nell'impiego delle risorse, con particolare riferimento al contenimento e alla riduzione dei costi, nonchè alla ottimizzazione dei tempi dei procedimenti amministrativi, la qualità e la quantità delle prestazioni e dei servizi erogati.

1. **Art. 11** Comma 4. (omissis) Le amministrazioni provvedono altresì alla contabilizzazione dei costi e all'evidenziazione dei costi effettivi e di quelli imputati al personale per ogni servizio erogato, nonché al monitoraggio del loro andamento nel tempo, pubblicando i relativi dati sui propri siti istituzionali,

1. **Art. 50** (omissis).La mancata individuazione da parte del dirigente responsabile delle eccedenze delle unità di personale, ai sensi del comma 1 è valutabile ai fini della responsabilità per danno erariale.

L'art. 16, comma 1 della legge 183/2011 (cd. legge di stabilità), impone a tutte le PA di rivedere annualmente la dotazione, per verificare se ci sono esuberi. La mancata rilevazione comporta la NULLITA' di qualunque assunzione, effettuata con qualunque tipologia contrattuale. La mancata attivazione delle procedure di cui al presente articolo da parte del dirigente responsabile e` valutabile ai fini della responsabilità disciplinare.

CARATTERISTICHE DI "ABC PLUS."

La velocità
Il sistema di reporting delle attività svolte è veloce e non deve comportare che qualche minuto di lavoro.

La semplicità
Il sistema non presenta operazioni che scoraggino i dipendenti più anziani che non amano il computer. Il dipendente, entrando nel sistema, ha una sola pagina nella quale inserire i dati. Ogni pagina dl sistema è anche supportata da una pagina di help.

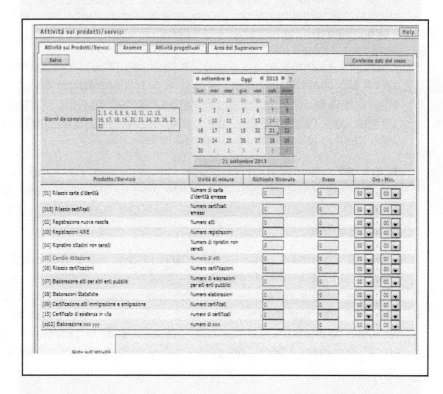

L'utente ha soltanto una pagina di lavoro, semplice e intuitiva.

LA PREPARAZIONE DEL SISTEMA

La preparazione dl sistema richiede l''inserimento delle informazioni organizzative.

Unità Organizzative ▪
Categorie ▪
Posizioni ▪
Dipendenti ▪

Una volta completate le informazioni necessarie, ogni ufficio definisce la missione e i prodotti/servizi.

▪ Missioni
▪ Prodotti/Servizi
▪ Progetti

IL sistema comprende i sistemi di sicurezza e gli accessi, un dizionario, e un calendario che consente di definire per ogni anno i giorni lavorativi e gli orari di lavoro.

Account Utenti ▪
Ruoli di Sicurezza ▪
Dizionario di sistema ▪
Calendario ▪

il risultato della rendicontazione individuale fornirà una completa informazione sotto forma di stampe, report e statistiche.

Missioni dell'Unità Organizzativa ▪
Prodotti/Servizi per Unità Organizzativa e Missione ▪
Attività dell'Unità Organizzativa ▪
Attività del dipendente ▪
Tempi e Costi Standard ▪
Report Mensile ▪
Mappa di sintesi ▪
Report per progetti ▪
Sintesi delle attività ▪

LA PARTE GENERALE

1) Inserimento della struttura organizzativa

Poichè l'analisi verte sul dipendente e sull' Unità Organizzativa di appartenenza, è necessario creare l'elenco delle Unità Organizzative.

Per l'accesso al sistema è necessario selezionare la parte generale del menu e scegliere:" Unità Organizzative".
Apparirà la pagina riepilogativa delle Unità Organizzative inserite.
(All'inizio tale pagina sarà vuota).

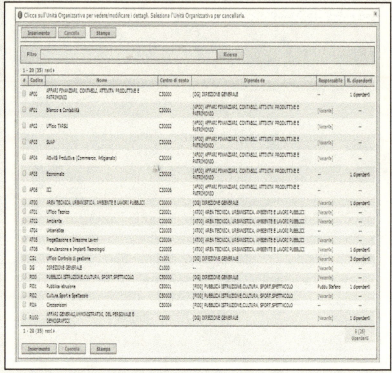

Per l'inserimento di una nuova Unità Organizzativa selezionare il tasto "inserimento"
Apparirà la maschera di inserimento. I dati che inseriremo saranno quelli basilari.

L' Inserimento dei dati

La maschera di inserimento è molto semplice e intuitiva.

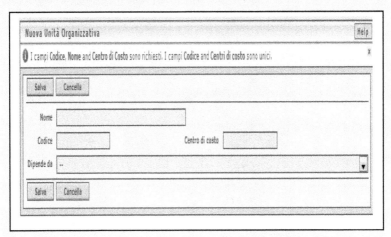

1)..Inserire il nome dell'Unità Organizzativa
Iniziare l'inserimento della struttura organizzativa partendo dalla struttura apicale e scendere progressivamente agli uffici dipendenti poichè si dovrà identificare la struttura superiore da cui dipende l'ufficio.

2).. Inserire il codice dell'Unità: questo può essere un numero progressivo (01, 02 ,03) , o un codice alfanumerico (SG01,SG02) etc. utilizzando le iniziali dell'Unità (esempio: Servizi Generali=SG01, SG02 etc)

3)..Inserire il centro di costo. Il centro di costo identifica il settore o servizio e si articola nei vari uffici. ex C1000, C1001,C1002,C1003 dove, ad esempio C1000 è il centro di costo delle struttura apicale e C1001,C1002 etc. sono i codici assegnati agli uffici da questa dipendenti. E' opportuno definire i centri di costo, secondo questa logica, prima di iniziare l'inserimento dei dati.

Non avete definito i centri di costo?

Se non avete definito i centri di costo, potere utilizzare il seguente metodo

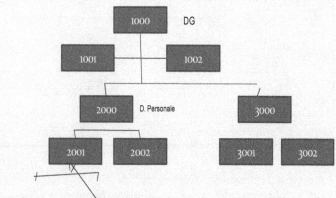

L'identificazione dei numero della serie 1000 sono assegnati alla DG, quelli della serie 2000 alla Direzione personale etc.

Inserire infine *"dipende da"*. Selezionate l'Unità Organizzativa da cui dipende. (abbiamo visto che le unità superiori vanno inserite prima delle unità dpendenti.)

Lasciare in bianco la dipendenza della struttura apicale (DG).

Il lavoro è per il momento terminato:
Il nome del responsabile sarà inserito in fase di modifica, dopo aver ultimato l'inserimento dei dipendenti.

Cancellazione dei dati
Per cancellare un dato già inserito,selezionare dall'elenco la casella a sinistra del dato e premere il tasto "cancella"

Modifica dei dati

Con la funzione Modifica sarà possibile modificare i dati inserit.i
Per modificare un dato già inserito, posizionare il cursore sul nome
della struttura da modificare. Apparirà sullo schermo il dettaglio dei
campi inseriti.

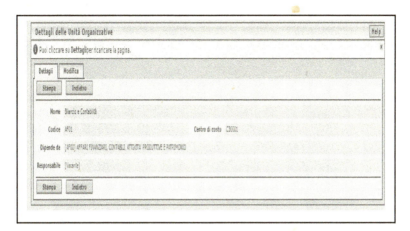

Per effettuare la modifica, premere il tasto "modifica" per tornare
alla maschera di inserimento.

2).INSERIMENTO DELLE CATEGORIE CONTRATTUALI

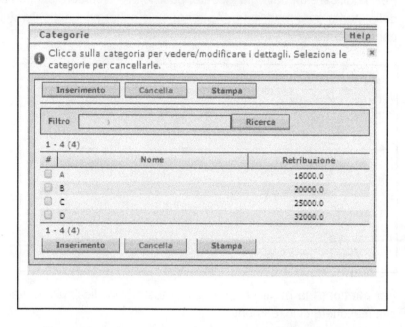

Categorie contrattuali (livelli)

Elencare le Categorie contrattuali e indicare la retribuzione lorda della categoria. La retribuzione è elemento di calcolo.

Viene qui usata la retribuzione della categoria contrattuale assegnata al dipendente. Non vengono considerati specifici emolumenti o differenze retributive dovute alla situazione familiare (assegni familiari) o scatti di anzianità, irrilevanti per il tipo di analisi Inserite le categorie contrattuali e l'importo della retribuzione. Considerare che la retribuzione lorda della categoria deve essere incrementata degli oneri sociali.

3).INSERIMENTO DELLE POSIZIONI AZIENDALI

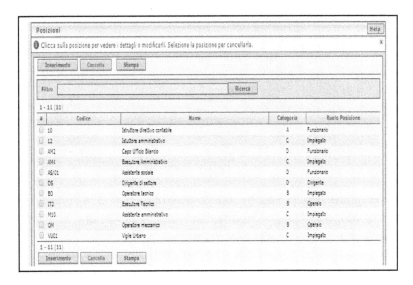

Le Posizioni Aziendali (profili)

Inserire le posizioni aziendali , la categoria di inquadramento e il ruolo organizzativo.

Il titolo della posizione potrà semplicemente coincidere con il titolo del profilo o potrà essere più definito indicando le funzioni svolte (es. Istruttore Direttivo Contabile, oppure "Capo Ufficio Bilancio".

Il ruolo può semplicemente essere definito considerando la collocazione organizzativa (Dirigente, funzionario, Impiegato, Operaio)

Per richiamare una posizione è sufficiente selezionarla con il cursore. Apparirà la pagina della posizione selezionata..

Selezionando "modifica" sarà possibile modificare i campi inseriti.

La maschera di inserimento.

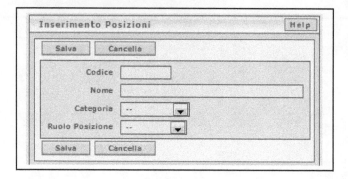

Assegnare alla posizione un codice numerico o alfanumerico, il titolo (capo Ufficio, Responsabile, etc), selezionare la categoria asegnata e il ruolo della posizione.

Il ruolo può essere semplicemente definito indicando dirigente, Impiegato, Operaio etc). L'elenco dei ruoli può essere ridefinito in modo più articolato, se lo si desidera, accedento al vocabolario di sistema. Attualmente i ruoli sono definiti nel vocabolario.

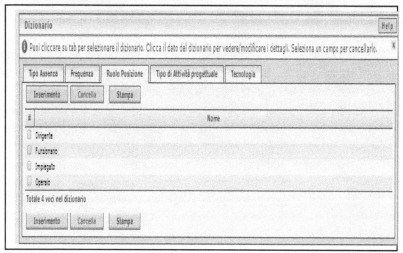

4).INSERIMENTO DEI DIPENDENTI

La pagina mostra tutti i dipendenti già inseriti. Per richiamare un dato esistente, semplicemente selezionare il nome con il mouse. Se si desidera inserire un nuovo nominativo, selezionare il tasto "Inserimento)

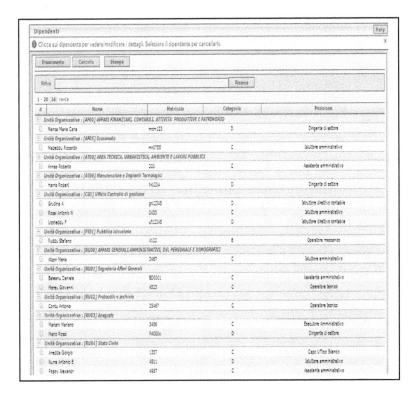

Per modificare un dato già inserito, selezionare il nome del dipendente e si potrà procedere alla modifica selezionando il tasto *"modifica"*.

15

Sintesi della scheda inserita

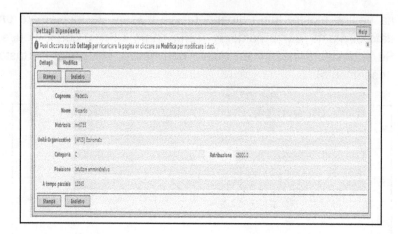

Inserimento di un nuovo dipendente.

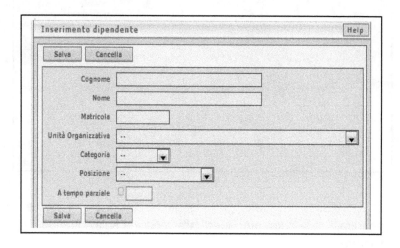

Inserire il Cognome e il nome del dipendente, la matricola, selezionare l'unità organizzativa di appartenenza, selezionare la categoria assegnata, il titolo della posizione.

E' anche previsto che il dipendente possa lavorare a tempo parziale. In tal caso indicare la percentuale di tempo lavorativo.

LA PREPARAZIONE DEL SISTEMA

MISSIONI, PRODOTTI E PROGETTI

Le missioni

Ogni Unità Organizzativa ha una o più missioni, che descrivono il motivo per il quale l'Unità esiste. Non è qui necessario utilizzare lunghe descrizioni, in quanto lo scopo del lavoro è di elencare delle aree di lavoro omogenee che identifichino la tipologia di attività svolte.

Descrivete brevemente la missione :
Esempio :" Assistenza Organo Politico"
E' probabile che nei piccoli Enti, il nome delle missioni principali sia già indicato nel titolo dell'ufficio :Esempio "Anagrafe e Stato Civile"
In tal caso possono essere identificate come due missioni (aree di lavoro) diverse e avremo "Anagrafe" e "Stato Civile"

In ognuna delle missioni considerate, il dipendente dovrà svolgere specifici compiti, quali emissione di certificati xx, Registrazioni, Dichiarazioni sostitutive, ricerche, comunicazioni, statistiche ecc.
Questi saranno i *"prodotti"* della missione.
Lo scopo è quello di poter identificare, per missione (o area di attività) i costi e i tempi impiegati.

I Prodotti/ Servizi

Con il nome generico di prodotti (o servizi) si intendono ii procedimenti o attività che sono svolti dai responsabili di uno specifico ufficio e che rappresentano un output.
Un procedimento complesso potrà essere suddiviso in unità elementari, ognuna delle quali rappresenta un prodotto.
Per l'inserimento dei prodotti selezioniamo l'Unità Organizzativa che ci interessa e la missione di riferimento e identifichiamo le attività svolte dai membri dell'ufficio, nell'ambito della Mansione.

I progetti

Anche nei casi nei quali il dipendente sia impegnato in attività routinarie, è previsto che egli possa partecipare ad un progetto,o attività diversa da quella normalmente assegnata, individualmente o con altri.

Il progetto inserito può inoltre riguardare diversi Uffici e riguardare soggetti diversi.
All'atto dell'inserimento un progetto viene assegnato alla Unità o Unità organizzative che ne sono responsabili. Il dipendente dell'ufficio a cui il progetto è assegnato, potrà selezionare il progetto su cui ha lavorato e rendicontare, in modo descrittivo, sulla attività svolta.

Poichè la rendicontazione per progetti è descrittiva, la relazione mensile delle posizioni superiori (managers, supervisori) sarà eseguita facendo riferimento all'obiettivo progettuale, alla tipologia di lavoro prestato e ai tempi lavorati. I progetti riguardano, in genere, attività di crescita, miglioramento, sviluppo, di interventi presso terzi etc. richieste all'ufficio.
Essi possono anche essere riconducibili ad aree tematiche specifiche. A titolo di esempio essi possono riferirsi ad attività rivolte al miglioramento di procedure e metodi, razionalizzazione dei processi, mantenimento di un clima positivo, sviluppo degli addetti, rispetto dei tempi, miglioramento della produttività e così via.

Sebbene non siano qui definiti specifici parametri di riferimento. i progetti assegnati sono identificabili come obiettivi. La loro rendicontazione da parte dell'addetto o degli addetti è assolutamente insostituibile, poiché la rendicontazione delle attività svolte su ogni progetto, e i tempi lavorativi, costituiscono una base insostituibile per la valutazione.

E' in ogni caso importante notare che i progetti che interessano più uffici, riportano la sequenza degli atti intrapresi dai singoli soggetti e creano le condizioni per la verifica della integrazione delle attività.

INSERIMENTO DI UNA MISSIONE

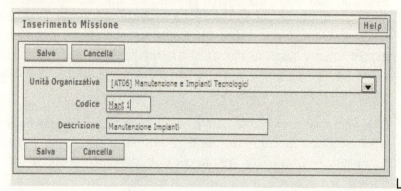

L'

L'inserimento della missione richiede la selezione della Unità Organizzativa, l'assegnazione di un codice numerico o alfanumerico e la breve descrizione della missione.

Il codice della missione potrebbe essere composto dal codice dell'ufficio, seguito da un numero progressivo.
Esempio: Gru01 (Gestione Risorse Umane,01, 02,03,04)
Amm01, 02, 03 (amministrazione) etc.
Ciò consentirà un immediato riconoscimento dell'ufficio al quale la missione è legata.

I dati inseriti sono elencati nella pagina riassuntiva. La modifica di una missione richiede semplicemente la selezione del dato che ci interessa, per procedere, se necessario, alla modifica dei dati inseriti.

I prodotti

L'elenco di prodotti inseriti

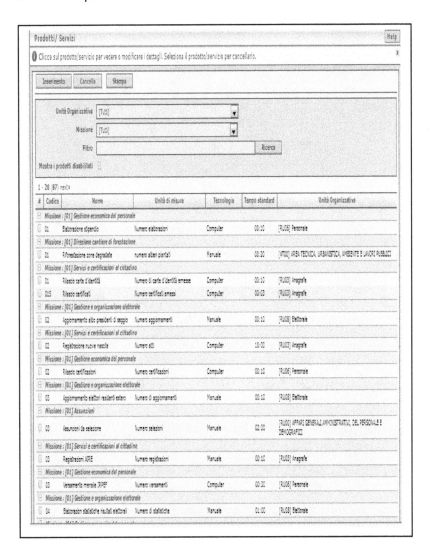

Selezionando l'Unità Organizzativa otteniamo l'elenco delle missioni inserite e i prodotti relativi. Selezionando la missione otterremo l'elenco dei prodotti legati alla misisone.

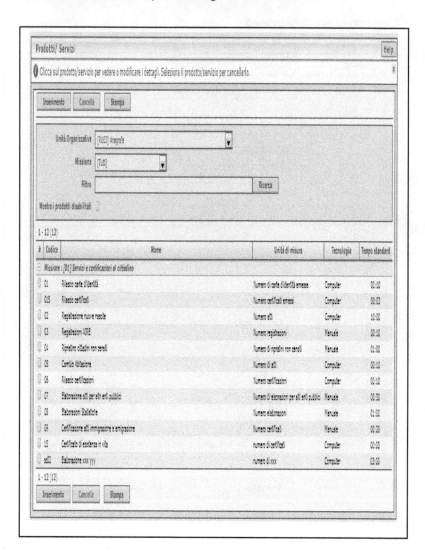

La funzione "Modifica"

Selezionando dall'elenco il dato che ci interessa, otteniamo la pagina relativa e possiamo, selezionando il tasto *"Modifica"* procedere alla modifica del dato.

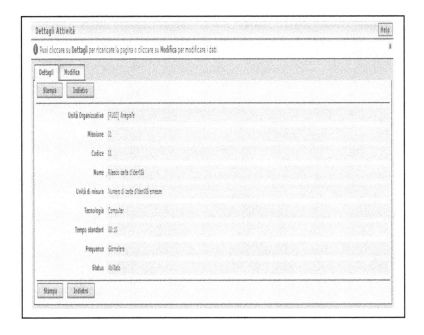

INSERIMENTO DEL PRODOTTO/SERVIZIO

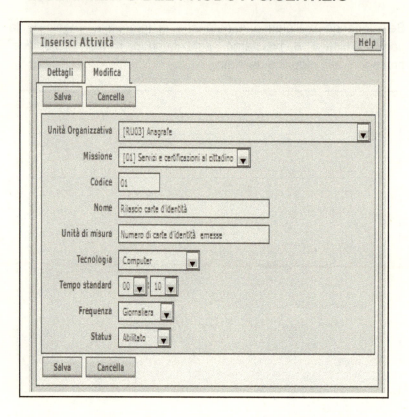

Per l'inserimento del Prodotto /Servizio selezioniamo l'Unità Organizzativa e la missione alla quale il prodotto si riferisce.

- Assegnamo al prodotto un codice numerico , che viene legato alla missione,

- Inseriamo il nome del prodotto

- Definiamo l'unità di misura (numero atti, tempi etc)

- Identifichiamo la tecnologia usata (vedi vocabolario)

- Inseriamo il tempo standard normalmente richiesto

- Indichiamo la frequenza dell'atto (giornaliera, settimanale etc)

Alcune note sul prodotto.

Abilitazione e disabilitazione del prodotto

Un prodotto obsoleto può essere cambiato o semplicemente disabilitato. Il campo "status" consente di stabilire se il prodotto è abilitato e visibile, o se è stato disabilitato.un prodotto, inizialmente abilitato, può in seguito essere ritenuto inadeguato e può essere disabilitato. In questo caso non sarà visibile.

I tempi standard

Il tempo standard può inizialmente non essere definito se non sono state fatte specifiche analisi. Mentre sarà possibile valutare i tempi necessari per una produzione informatizzata di un prodotto-servizio, in altri casi la valutazione sarà più difficile. E' consigliabile e opportuno utilizzare il sistema per un certo numero di mesi e verificare a posteriori la media dei tempi effettivamente impiegati per lo svolgimento del lavoro. Il calcolo dei tempi riporterà la media dei tempi impiegati, ma anche i tempi individuali.

Il tempo medio impiegato nel primo anno potrà essere identificato come standard, ma dovrà essere oggetto di analisi più accurate e diventerà, ove necessario, oggetto di obiettivi di miglioramento.

Poiché i tempi hanno influenza sui costi dl prodotto, il sistema fornirà i costi unitari e totali di ogni prodotto erogato.

I PROGETTI

La pagina mostra l'elenco dei progetti inseriti .

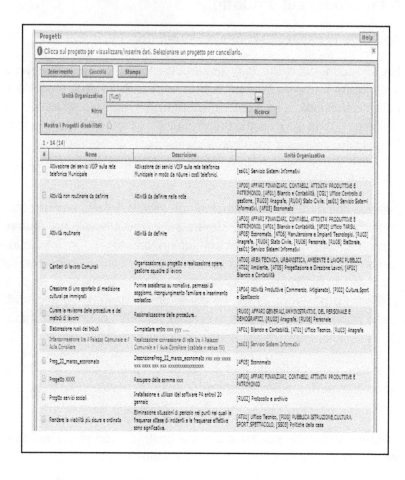

Per inserire un nuovo progetto, premere il tasto *"inserimento"*, per modificare un progetto semplicemente selezionarlo dall'elenco e apparirà la scheda.

L'inserimenro di un progetto

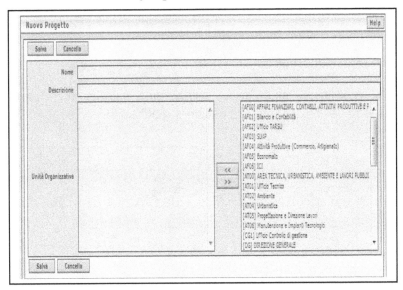

Un Dirigente, Il Capo settore o il capo di un ufficio, possono assegnare ad uno o più uffici particolari obiettivi da raggiungere. Questi sono normalmente di tipo qualitativo, ma possono anche essere di tipo quantitativo. L'inserimento di un progetto può aver luogo in qualsiasi momento. Il progetto può richiedere semplici interventi o avere una durata considerevole.

("completare il progett xyz entro la prossima settimana")

"Definire le procedure di installazione del sistema xyz"entro il mese di Giugno"

Un progetto (o obiettivo) definisce un qualcosa in più, normalmente non incluso nell'elenco delle attività routinarie. L'inserimento è molto semplice .Un progetto ha un breve *titolo e una descrizione* .

Una volta definito il progetto, il supervisore seleziona, nella parte destra dello schermo, il settore o uffici ai quali viene assegnato. che vengono portati sulla sinistra dello schermo mediante le frecce apposite. I progetti saranno immediatamente visibili dai dipendenti dell'ufficio o uffici a cui sono stati assegnati quando i dipendenti premeranno il tasto *"attività progettuali"*, e potranno rendicontare sulle attività svolte e sui tempi impiegati.

Modifica del progetto

Per modificare un progetto, selezionarlo dall'elenco. Appare la scheda dei dati inseriti ed è possibile modificarlo

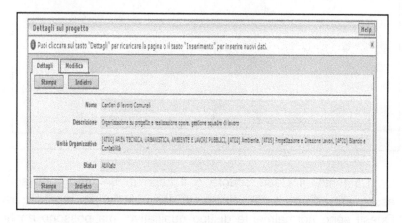

Premendo il tasto *"modifica*, appare la scheda del progetto sul quale apportare eventuali modifiche

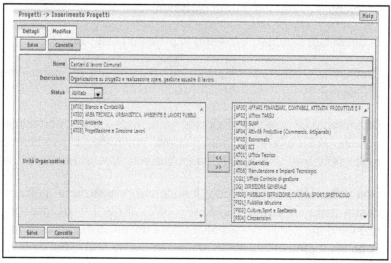

Come disabilitare un progetto

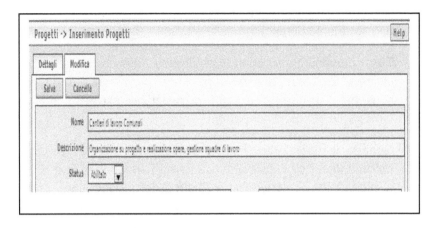

Notare che attivando la funzione *"modifica"* è apparso, sotto il campo "descrizione del progetto, un campo **"status".**che indica il progetto come *"abilitato"* Per disabilitare un progetto che è stato completato, selezionare *"disabilitato"*- Il progetto sparirà dall'elenco e non verrà più proposto agli uffici.

Il progetto non viene cancellato fisicamente dal database e saranno regolarmente stampate tutte le attività svolte sullo stesso lo ma non apparirà più agli uffici come progetto assegnato su cui operare.

(La cancellazione fisica del progetto non consentirebbe la ricerca delle rendicontazioni fatte sullo stesso.)

L'INIZIO DEL LAVORO

Abbiamo completato l'impostazione del nostro software e abbiamo uno strumento di reporting delle attività.

Tutti i dipendenti, accedendo al sistema, lavoreranno sulla pagina indicata. L'acceso alle altre parti del programma potrà essere consentito a certe funzioni, in relazione alle esigenze della funzione. e del ruolo ricoperto.

Quando il dipendente accede con la sua login e password, il sistema identifica l'unità organizzativa di appartenenza e presenta al dipendente la scheda con l'elenco dei prodotti che sono stati assegnati all'ufficio. Un dipendente dell'ufficio potrebbe essere impegnato in una giornata su alcune attività di tipo A, e il suo collega essere impegnato su altre di tipo B. Ciò che si chiede è una normale rendicontazione, che richiede pochi minuti, sulle attività svolte nella giornata e sul rempo medio impiegato.

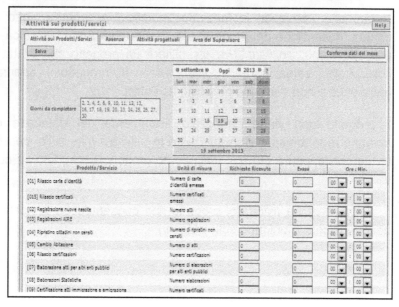

Analisi dei campi

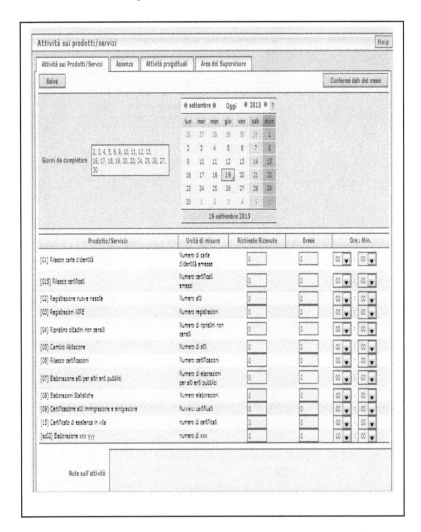

I tasti di accesso consentono all'utente di inserire la domanda e i tempi sui prodotti dell'ufficio, di inserire eventuali giornate o ore di assenza, e di rendicontare su eventuali attività progettuali.Il tasto "area del dipendente à accessibile al supervisore, che può seguire il lavoro svolto.

I dettagli della pagina

Un riquadro ricorda al dipendente i giorni da completare.non inseriti. Man mano che si procede agli inserimenti, spariscono dal riquadro i giorni inseriti.

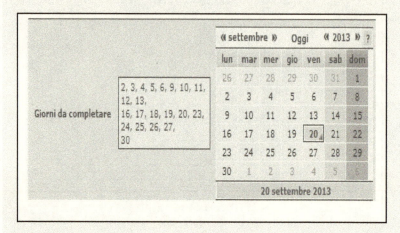

Entro la fine di ogni mese è necessario completare tutti i giorni e confermare, usando l'apposito tasto, la registrazione mensile.

Conferma dati del mese

Dopo la conferma non sarà possibile modificare i dati inseriti.

Nella parte inferiore dello schermo é disponibile un riquadro per l'inserimento di eventuali note dell'utente. Nello spazio è possibile inserire brevi annotazioni su eventuali problemi emersi nello svolgimento del lavoro, come nell'esempio.

Note sull'attività

Problemi con il server. Difficoltà di collegamento

L'inserimento dei dati

Inserimento della attività sui prodotti/servizi

La pagina mostra a video l'elenco dei prodotti assegnati all'ufficio del dipendente.

Alla fine della giornata il dipendente seleziona sul calendario il giorno di riferimento, selezione le attività sulle quali ha operato, inserendo:

- *Il numero di richiestericevute.*
- *Il numero di prodotti eseguiti*
- *Il tempo, in ore e minuti impiegato per lo svolgimentodell'attività.*

Note Ciò che occorre rilevare è il lavoro effettivamente svolto e il tempo impiegato. *Non considerare i tempi morti o fisiologici, che vengono automaticamente calcolati dal sistema.*

Le attività non lavorative

E' possibile che il dipendente non sia presente nella giornata, o che sia stato assente per un permesso, o che comunque abbia svolto attività all'esterna (ad esempio un corso di formazione esterno.In questo caso sarà sufficiente selezionare il tasto "assenze per inserire il motivo e il tempo nel quale non ha lavorarto nell'ufficio.

Se il dipendente è stato assente del proprio ufficio nel giorno selezionato, è sufficiente che prema il tasto *"assenze"*. Qui la parola *"Assenze"* può essere riferita alle normali assenze per malattia, permesso, ferie o quant'altro Una riunione di servizio, una missione, un supporto esterno ad altro ufficio, sono tutte assenze che possono essere incluse. E' importante sottolineare che le *"assenze"* non hanno qui alcun significato sotto il profilo amministrativo.

Seleziondo il tasto *"assenze"*, il dipendente accede alla pagina di registrazione dell'assenza.

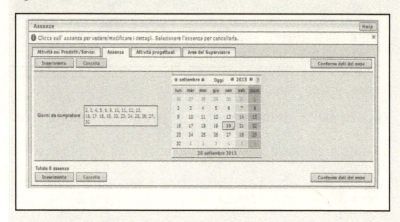

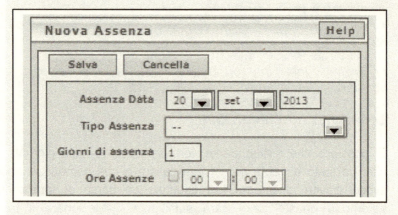

La tipologia delle assenze è definita nel vocabolario di sistema. Lo scopo è registrare che l'individuo non ha operato in quel giorno perché era fuori dal suo ufficio, *per qualunque motivo*
Poiché il motivo dell'assenza non ci interessa ai fini amministrativi, l'elenco delle tipologie di assenza inserite nel vocabolario di sistema sono le seguenti:
Ferie,
Formazione esterna
Riunione ufficio
Malattia
Permesso sindacale
Permesso …

Sarà possibile inserire nel vocabolario di sistema altre tipologie di assenza.

Se l'orario inserito supera le ore lavorative della giornata, il sistema lo segnala al dipendente. Se il dipendente conferma un numero di ore eccedenti l'orario di lavoro, queste vengono registrate come *lavoro straordinario.* Naturalmente anche in questo caso la registrazione non ha alcun effetto ai fini amministrativi.

Se nel giorno considerato il dipendente era assente, dovrà semplicemente selezionare il tipo di assenza e le ore relative. Se l'assenza si è prolungata per più di un giorno, il sistema ne terrà conto e segnalerà al dipendente le giornate relative per evitare erronei inserimenti. Se ad esempio il dipendente va in ferie per 20 giorni, il primo giorno verrà registrata una assenza per ferie di 10 giornate. Su quelle giornate non sarà possibile inserire attività lavorative.

Attività Progettuali.

Aldilà di progetti specifici che il supervisore potrà assegnare all'ufficio, sarebbe opportuno che un progetto preveda " **Altre attività non routinarie"**, Ciò potrà consentire la rendicontazione di particolari attività (ad esempio l'aggiornamento professionale, le attività di programmazione o di ricerca), che ogni dipendente può svolgere aldilà delle attività elencate.

Se il dipendente seleziona " *attività progettuali*", gli appaiono sullo schermo i progetti assegnati all'ufficio". Per rendicontare su eventuali attività svolte su un progetto, seleziona il progetto, descrive in modo sintetico l'attività svolta e il tempo impiegato.

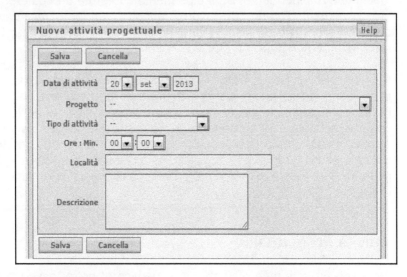

Il dipendente seleziona tra i progetti assegnati all'ufficio quello su cui ha lavorato e il tipo di attività svolta e inserisce le ore e i minuti impiegati, la eventuale località di svolgimento e una breve descrizione.

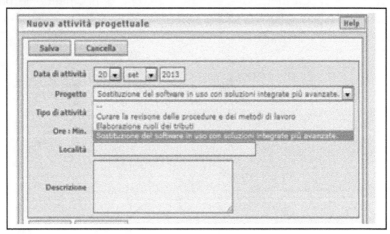

Per ogni progetto sarà possibile ottenere la storia delle attività svolte dal dipendenete nel tempo.

Se il progetto è frutto della collaborazione di diverse Unità Organizzative, sarà possibile risalire a tutte le fasi del progetto e a tutte le attività svolte da ogni singolo partecipante, fornendo una storia, anche sequenziale, del contributo prestato.

IL CONTROLLO DEGLI INSERIMENTI

(l'area del supervisore)

E' compito del supervisore verificare che i propri addetti abbiano mensilmente provveduto al completamento dei dati.-Premendo il tasto *"area del supervisore"* apparirà l'elenco di tutti i dipendenti del suo ufficio per verificare che ogni dipendente abbia completato gli inserimenti previsti e abbia confermato i dati del mese.

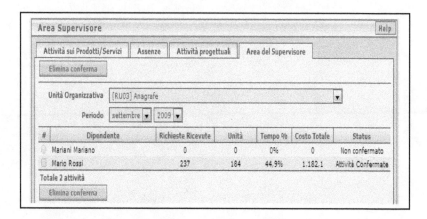

L'esempio ci mostra la scheda dei dipendenti del supervisore, con la indicazione della domanda, degli atti evasi, della percentuale di tempo impiegata e del costo relativo. Se il dipendente non ha provveduto alla rendicontazione o non ha confermato i dati mensili, non saranno riportati dei dati.

E' dunque necessario che vengano completati gli inserimenti per tutti i giorni del mese e che , a loro completamento, venga premuto il tasto di conferma dei dati inseriti.

LE STAMPE E I REPORT

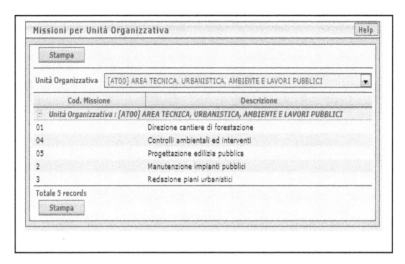

Missioni per Unità Organizzativa

Unità Organizzativa [AT00] AREA TECNICA, URBANISTICA, AMBIENTE E LAVORI PUBBLICI

#	Cod. Missione	Descrizione

Unità Organizzativa : [AT00] AREA TECNICA, URBANISTICA, AMBIENTE E LAVORI PUBBLICI

#	Cod. Missione	Descrizione
1.	01	Direzione cantiere di forestazione
2.	04	Controlli ambientali ed interventi
3.	05	Progettazione edilizia pubblica
4.	2	Manutenzione impianti pubblici
5.	3	Redazione piani urbanistici

Totale 5 records

I prodotti /Servizi

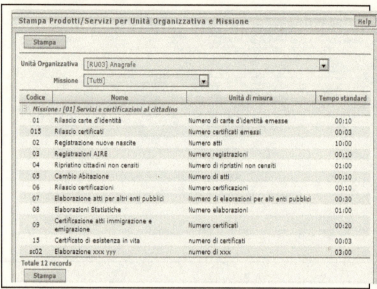

Stampa Prodotti/Servizi per Unità Organizzativa e Missione   Help

Stampa

Unità Organizzativa   [RU03] Anagrafe

Missione   [Tutti]

Codice	Nome	Unità di misura	Tempo standard
Missione : [01] Servizi e certificazioni al cittadino			
01	Rilascio carte d'identità	Numero di carte d'identità emesse	00:10
015	Rilascio certificati	Numero certificati emessi	00:03
02	Registrazione nuove nascite	Numero atti	10:00
03	Registrazioni AIRE	Numero registrazioni	00:10
04	Ripristino cittadini non censiti	Numero di ripristini non censiti	01:00
05	Cambio Abitazione	Numero di atti	00:10
06	Rilascio certificazioni	Numero certificazioni	00:10
07	Elaborazione atti per altri enti pubblici	Numero di elaborazioni per alti enti pubblici	00:30
08	Elaborazioni Statistiche	Numero elaborazioni	01:00
09	Certificazione atti immigrazione e emigrazione	Numero certificati	00:20
15	Certificato di esistenza in vita	numero di certificati	00:03
sc02	Elaborazione xxx yyy	numero di xxx	03:00

Totale 12 records

Stampa

Prodotti/Servizi per Unità Organizzativa e Missione

Unità Organizzativa   [RU03] Anagrafe

#	Codice	Nome	Unità di misura	Tempo standard
Missione : [01] Servizi e certificazioni al cittadino				
1.	01	Rilascio carte d'identità	Numero di carte d'identità emesse	00:10
2.	015	Rilascio certificati	Numero certificati emessi	00:03
3.	02	Registrazione nuove nascite	Numero atti	10:00
4.	03	Registrazioni AIRE	Numero registrazioni	00:10
5.	04	Ripristino cittadini non censiti	Numero di ripristini non censiti	01:00
6.	05	Cambio Abitazione	Numero di atti	00:10
7.	06	Rilascio certificazioni	Numero certificazioni	00:10
8.	07	Elaborazione atti per altri enti pubblici	Numero di elaorazioni per alti enti pubblici	00:30
9.	08	Elaborazioni Statistiche	Numero elaborazioni	01:00
10.	09	Certificazione atti immigrazione e emigrazione	Numero certificati	00:20
11.	15	Certificato di esistenza in vita	numero di certificati	00:03
12.	sc02	Elaborazione xxx yyy	numero di xxx	03:00

Totale 12 records

Report sull'unità organizzativa

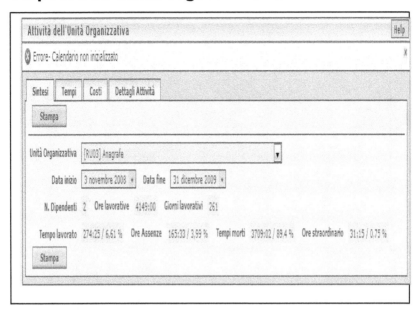

Selezionando l'Unità organizzativa che ci interessa e il periodo tra due date , abbiamo immediatamente una sintesi dei tempi lavorativi, dei tempi morti, delle assenze, dei costi, dei progetti sui quali si è operato e dei relativi tempi e costi.

La stampa consente di ottenere una scheda di dettaglio.

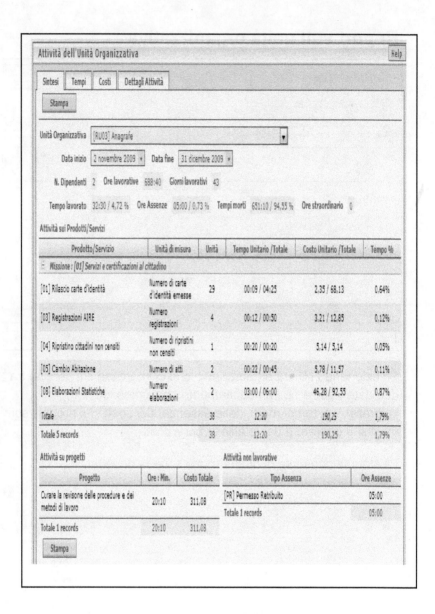

Possiamo scegliere un' analisi dei tempi e dei costi

Analisi dei tempi

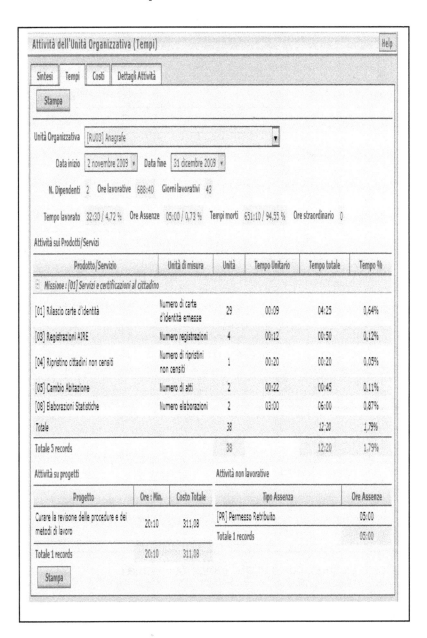

Analisi dei costi

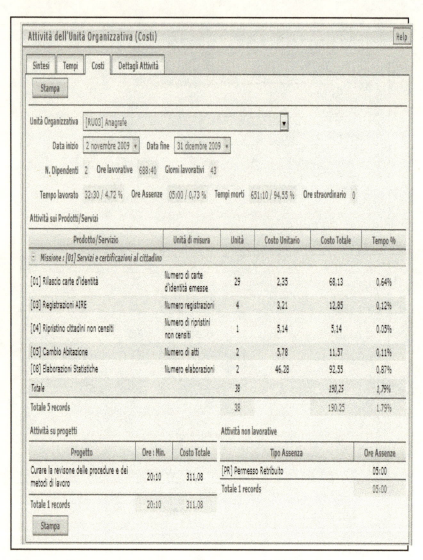

Costo Unitario, costo totale, tempo percentuale.

Attività del dipendente

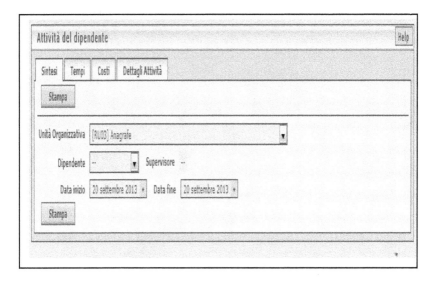

Selezionando il nome del dipendente e il periodo che interessa, possiamo ottenere una scheda riepilogativa completa dei tempi e dei costi delle attività svolte.

Attività del dipendente. Analisi dei tempi sui prodotti

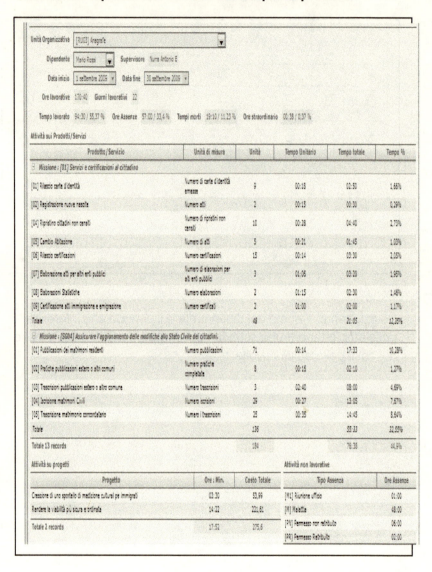

Report mensile del dipendente

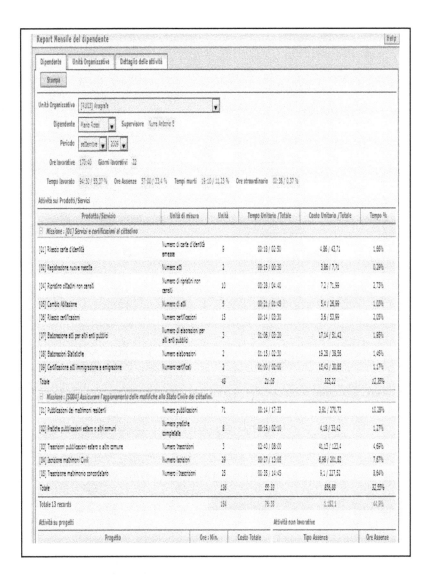

Report per progetti

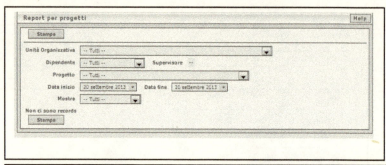

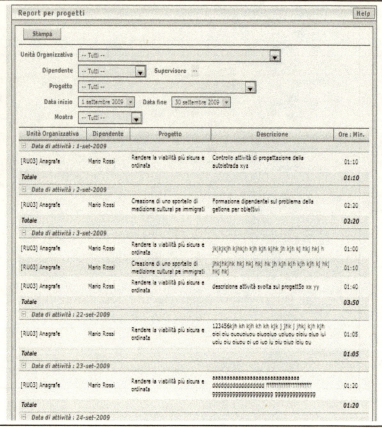

Sintesi delle attività

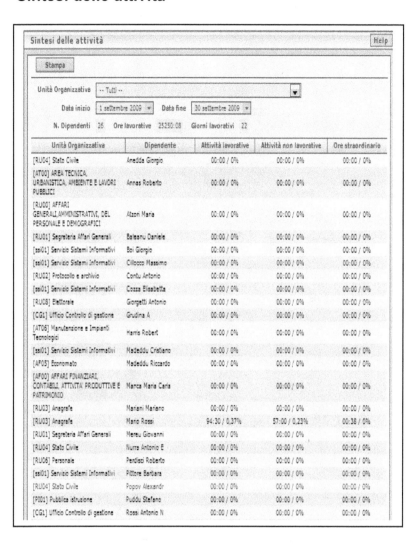

TEMPI E COSTI STANDARD

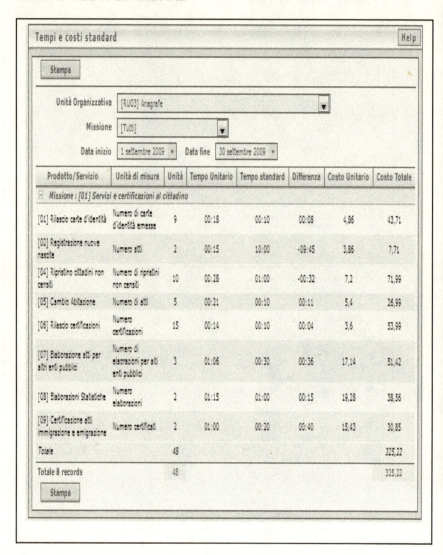

La pagina mostra per ogni prodotto il tempo standard, la differenza rispetto ai tempi lavorati, i costi unitari e il costo totale. La percentuale di tempo impiegato su ogni prodotto identifica le aree della spesa ,e la loro incidenza..

Mappa di sintesi

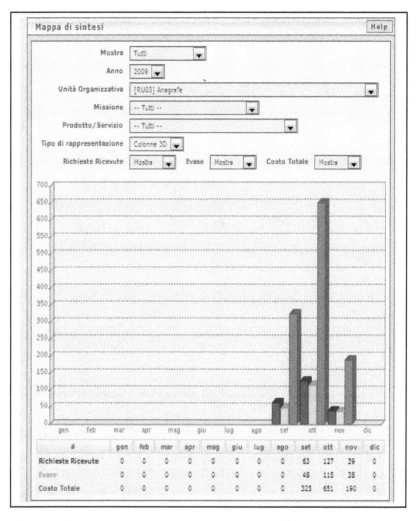

Per unità organizzativa, missione o prodotto, possiamo immediatamente rilevare la domanda, ricevuta, la domanda evasa e i costi. La rappresnetazione può essere lineare o a barre.

IL SISTEMA

I RUOLI DI SICUREZZA

I Ruoli

Il Ruolo raggruppa dipendenti che hanno le stesse caratteristiche sotto il profilo della collocazione organizzativa.
Ad ogni Ruolo viene consentito l'accesso a specifici programmi.
Ad ogni dipendente verrà assegnato il ruolo che gli consentirà l'accesso al programma.

Inserire il nome del ruolo, esempio : Manager, Capo Settore, Capo Ufficio, Addetto XX,., o identificarlo come "livello2", "livello2", "livello 3".

Inserisci una breve descrizione del ruolo, ad esempio per ricordare il tipo di accesso consentito. "pieno accesso", accesso parziale", "sola lettura" etc.

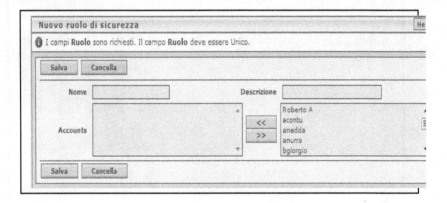

Una volta definito il ruolo, selezionare i dipendenti a cui assegnarlo.

Una volta asegnati i ruoli, avreno l'elenco dei ruoli assegnati.

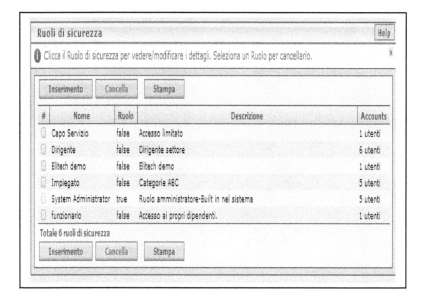

Account utenti

La pagina consente di visualizzare la login degli utenti inseriti, di confernare l'avvenuta autorizzazione e il ruolo assegnato.
Per cancellare il nome dell'utente, selezionare il quadratino a sinistra del nome e premere il tasto "cancella".
Selezionando il nominativo del dipendente, si accede alla pagina di dettaglio dove sono indicati il nome utente e il ruolo assegnato.
Da questa pagina è possibile selezionare il tasto "modifica" per modificare i dati inseriti ed è possibile riassegnare una nuova password.

Selezionando il ruolo assegnato è possibile accedere ai "ruoli di sicurezza" e premendo il tasto "autorizzazioni" è possibile assegnare glli accessi all'utente.

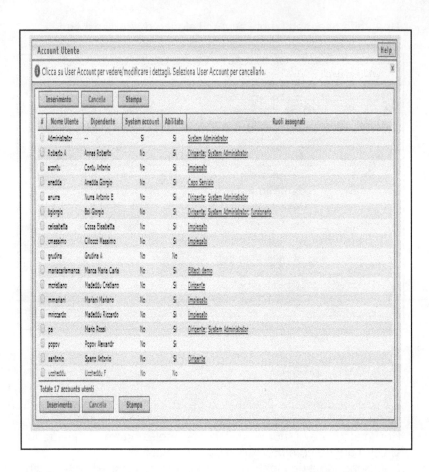

Selezionando il nome del ruolo, otteniamo la scheda seguente, che elenca le login dei dipendenti a cui è stato assegnato.

Assegnazione Account ad un utente

La pagina che appare a video è l'elenco degli account assegnati.

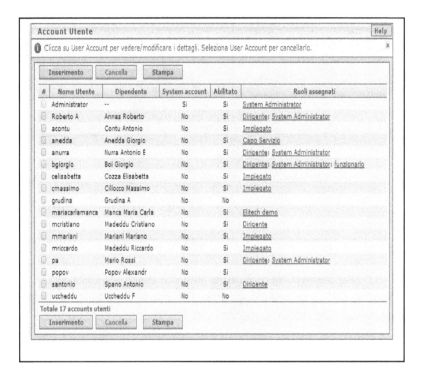

Per linserimento di un nuovo accesso ad un nuovo dipendente, premere il tasto "inserimento"

Aparirà la maschera di inserimento del dipendente.

Assegnazione del ruolo al dipendente.

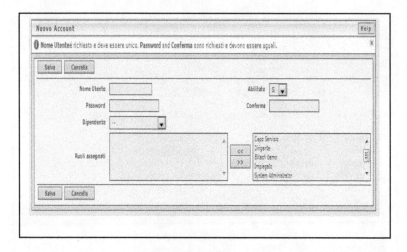

1).Il nome utente (login) è generalmente asegnato utilizzando l'iniziale del nome più il cognome. Ciò consente una immediata identificazione del dipendente e facilita una eventuale ricerca.

2).La password, che viene inserita inizialmente dall'Amministratore di sistema, potrà essere modificata dall'utente subito dòpo l'assegnazione, premendo "impostazione password" nella parte superiore dello schermo. "Confermate la password.

3.)Il nome del dipendente appare selezionando il campo "dipendente". Appariranno, per unità organizzativa, tutti i dipendenti inseriti tra cui selezionare il dipendente.

4) Selezionate il ruolo da assegnare al dipendente dall'elenco che appare sulla parte destra dello schermo e trasferito, utilizando la freccia, sulla parte sinistra.

E' possibile assegnare ad un dipendente più di un ruolo.

Il ruolo Amministratore ha la caratteristica di consentire l'accesso soltanto alla parte di "sistema", cioè ai ruoli di sicurezza, al vocabolario e al calendario che definisce i giorni e le ore lavorative.

Gli altri ruoli, in relazione alla funzione ricoperta, consentiranno l'accesso alla parte operativa, alle statistiche etc.

Se il ruolo di amministratore è delegato ad un altro dipendente, (in genere un dirigente) che ha l'accesso anche alla parte operativa, verranno assegnati due ruoli: il ruolo di "Amministratore" e il ruolo di dirigente. Gli altri ruoli consentiranno gli accessi alla parte operativa., Se l'amministratore è anche operatore, potrà avere due ruoli.

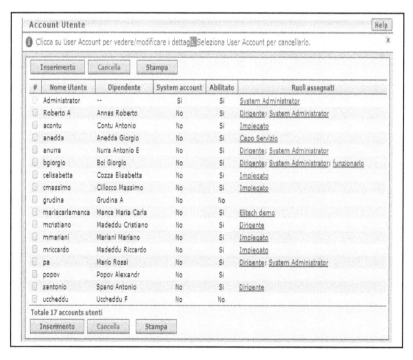

Selezionando un ruolo nella pagina precedente, otteniamo l'elenco delle login a cui è stato assegnato.

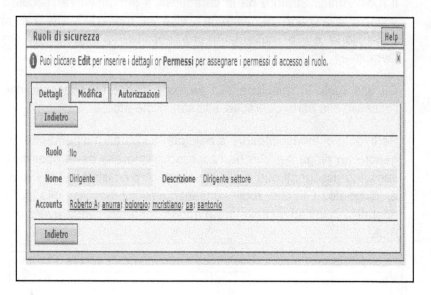

IL DIZIONARIO DI SISTEMA

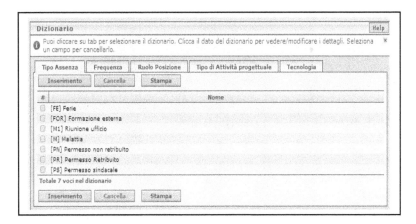

Il dizionario contiene i termini utilizzati nel sistema e comprende:

1).Il tipo di assenza

[FE] Ferie
[FOR] Formazione esterna
[M1] Riunione ufficio
[M] Malattia
[PN] Permesso non retribuito
PR] Permesso Retribuito
[PS] Permesso sindacale
Altro(definire)

2).La frequenza

Giornaliera
Settimanale
Mensile
Trimestrale
Annuale
Una tantum
Altro (definire)

3).II ruolo

Dirigente
Funzionario
Impiegato
Operaio
Altro (definier)

4).IL tipo di attività progettuale

Amministazione
Attività legali
Calcolo
Formazione,
Progettazione
Installazione
Manutenzione
Organizzazione
Programmazione
Ricerca
Supervisione e controllo
Valutazione risorse
Altro (definire)

5).La tecnologida.

Computer
Macchina da scrivere
Manuale
Telefono
Fax

Tutti i dati possono essere modficati dall'utente, che può aggiungere nuove voci se necessario. E' necessario ricordare che se una voce viene utilizzata nella fase operativa, non può essere cancellata.

IL CALENDARIO

Il calendario consente l'inserimento delle ore lavorative e la identificazione delle giornate lavorative, non lavorative e festive. consente di definire le giornate festive locali (patrono etc), non incluse nel calendario normale.

Selezionare con il cursore le date che si intendono modificare (anche scelta multipla). Il dato viene cerchiato da una cornice rossa.
Per modificare le ore lavorative della giornata selezionare "tipo di giornata" = lavorativo, inserire le ore lavorative (esempio 10) e premere salva.

Pe inserire una festività (esempio il santo patrono), selezionare Festivo (ore lavorative 0) , selezionare il giorno del mese e salvare il dato.
La giornata festiva viene identificata in rosso.

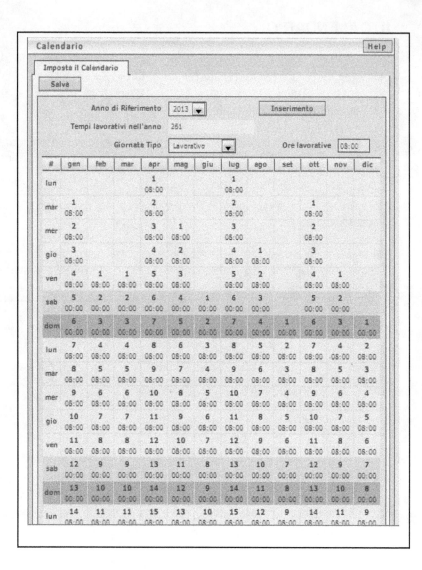

SOMMARIO